＃育児衝撃画像

「＃育児衝撃画像」制作委員会・編

飛鳥新社

はじめに

あっという間に
テレビで報道合戦

ある日、ツイッターに何気なく投稿されたひと言から、すべては始まりました。

「え？そんな事ってある？うち…だろ…？
という育児においての衝撃画像でほっこりしたい」

この投稿から生まれたハッシュタグこそが「#育児衝撃画像」です。
育児中に撮影した面白い画像を、「#育児衝撃画像」という
キーワードを付けてインターネット上で見せ合おう、
という気軽な呼びかけでしたが——

投稿から一週間ほど経ったころには、SNSで「#育児衝撃画像」が
大フィーバー！　何万人ものユーザーが画像をネットに投稿し、
何十万人、何百万人ものユーザーが「いいね」と絶賛。
SNSに突如現れた大きなトレンドとして注目され、
朝のテレビ番組でもたくさんの特集が組まれました。

SHOGEKI!!!!!!!!

ネットにはない
お宝画像もザクザク

「ウチの子だけおバカなのかも…と心配だったけど、安心した！(笑)」
「あるあるだらけで懐かしい〜！　ホント予想を超えた毎日だったわー」
「電車の中で見ないほうがいい。何度もふきそうになった(爆)」

癒される人あり。共感する人あり。爆笑する人あり。
SNSでの反応はさまざまでした。

ただ共通していたのは、みんなの心がほっこり温かくなったこと。
そして育児中または育児経験のあるママ、
パパ達の気持ちが明るくなったこと。
それほど人を幸せにするパワーをもった画像ならばと、
編集者やライター、デザイナーの有志が集まり、
衝撃画像を集めたフォトブックを作ることになりました。

調べていくと、ツイッターだけでなく「インスタグラム」でも
育児のハッシュタグがトレンドになっていることが判明。
さらに独自取材を進めると、「SNSをやっていない人」からも
お宝画像が続々出てくる驚きの結果に！
画像を提供してくれた皆さんには、
撮影時の状況や当時の心境もお聞きしました。
クスクス笑えて、ほっこりできる、
「#育児衝撃画像」の数々をゆっくりとお楽しみください。

「#育児衝撃画像」制作委員会

目次

はじめに	2

第1章　ツイッター編
#育児衝撃画像 ……… 5

第2章　インスタグラム編
#育児なんてほんの一瞬目を離したらこう ……… 89

第3章　オリジナル編
#わが家でも必ず1枚は見つかるジワジワ画像 ……… 121

生みの親・吉木ゆんからのひと言 ……… 142

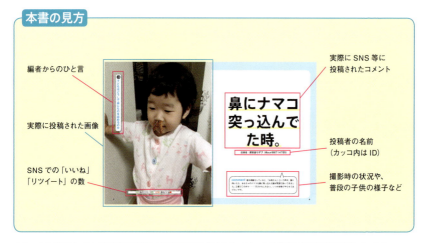

本書の見方

- 編者からのひと言
- 実際に投稿された画像
- SNSでの「いいね」「リツイート」の数
- 実際にSNS等に投稿されたコメント
- 投稿者の名前（カッコ内はID）
- 撮影時の状況や、普段の子供の様子など

＊「いいね」「リツイート」の件数は2019年4月10日前後の数字です。また、100件以上の場合に限り掲載しています。
＊個人情報保護のため、一部の画像にはイラストなどを加えています。
＊投稿者名はツイッター、インスタグラムともに2019年4月10日時点のものです。
＊インターネットに投稿されたコメントは、原則そのまま掲載していますが、一部表記を変更している場合もあります。

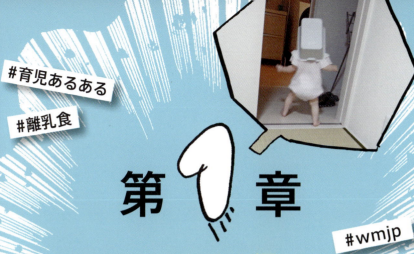

#育児あるある

#離乳食

第1章

ツイッター編

#wmjp

#育児衝撃画像

「癒される育児の画像を送ってほしい」という、ツイッター上での何気ない

投稿から始まったハッシュタグ「#育児衝撃画像」。

次々と抱腹絶倒の画像が投稿されるや、あっという間にママ達の間で有名に。

テレビでもたびたび取り上げられ、日本全国を笑いの渦に巻き込んだバズワード！

#ワーママ

#育児グッズ　　#保育園

➡ 子どもはどうして鼻にモノを詰めるのか

505 件のリツイート　2793 件のいいね♥

鼻にナマコ突っ込んでた時。

投稿者：**開き直りデブ**（@yuri86714785）

comment 寝る準備をしていると、「お母さん」という声が。振り向いたら、おもちゃのナマコを鼻に突っ込んだ娘が笑顔で歩いてきました。2歳でこのボケ……！天才かもしれない。いつか本物でやらせてあげたいです。

まぁまぁ
そんなこと
言っとらんと
ジュースでも
飲めって

投稿者:Y.Nママ (@yu_na_nana)

comment 台所で洗い物をしていて、今日はめずらしく静かだなぁと思い、リビングをのぞくとこの状態でした。娘は「どーぞ」と言ってあげていました (笑)。

⬇ 選手と一緒に燃え尽きました

どう見ても応援に疲れたオッサン。背中の貫禄がすごい

投稿者：べえやん（@beeyan207）

comment 2018年のFIFAワールドカップ開催中の1枚。ミルクを飲んだ後のゲップを、ばぁばにお願いしたときの後ろ姿です。生後3カ月とは思えない貫禄と、漂う哀愁に思わずパシャリ。1歳になった今ではこの服も小さくなってしまい、嬉しいやら悲しいやら。

ちょっとまってw
ケンタウロス
みたいに
なってるから

投稿者：べえやん（@beeyan207）

comment いつもワンコと隣り合って寝ていますが、このときは縦に繋がっていてびっくりしました。たまに寝姿がシンクロしていることがあり、それも面白いのですが、まさかケンタウロスに化けるとは……！起きちゃったらまずいので、笑いをこらえるのに必死でした(^^;

ドライヤーに
たくあん。
しばらく髪を乾かす時
たくあん臭かった

投稿者：きんちゃん（@dk_y6isr）

comment とてもやんちゃで元気いっぱいな子です。キッチンの片付けをしていて、静かだなと思い様子を見に戻ったらドライヤーにたくあんを詰めていました。見つけたときは、怒ることを忘れて笑ってしまいました。

兄に閉じ込められた妹

投稿者：みのぴ（@minopi）

comment お兄ちゃんと2人で仲良く遊んでいると思っていたら……。いつの間にかぬいぐるみ扱いされて埋められており、とても切なげな目をしていました。お兄ちゃんが「忙しい、忙しい！」と一生懸命にクッションを運んで行ったり来たりしていたのはこれだったか……！

振り向いたら試合終了してた

投稿者：べーやん（@kounaien16）

comment 次男にミルクをあげていて「食べ終わった〜？」と話しかけてみるも返答なし。見てみたらお皿に顔を突っ込んで爆睡していました。いつものこと、とはいえ思わず撮影。

洗濯物を取り込もうとしたらグミが干されてた。

投稿者：アシカ（@watashi_asika）

comment 洗濯物を取り込もうとしたら、知らない間にグミが干してありました。息子曰く「かわいいから」。クマさんを無事保護した後、恐る恐る私だけ食べてみたのですが、とても硬くてアゴが痛くなりました（いつもより美味でした）。

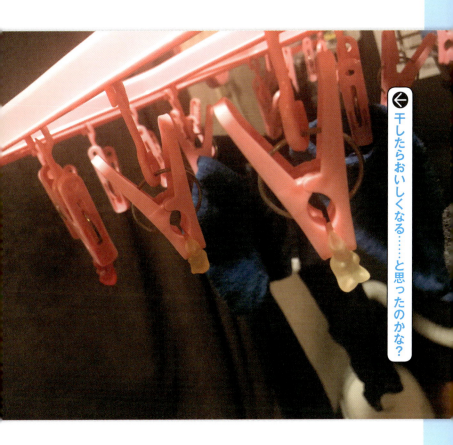

干したらおいしくなる……と思ったのかな?

7969 件のリツイート　39942 件のいいね

comment 「かくれんぼ！」と言いながら隠れたのがここでした。も、諸々見えちゃってる……！手と両足がモロ見えだけどいいのか息子よ……！明るい子で、日常的にこういうことをよくしているのでたまに撮影しています。

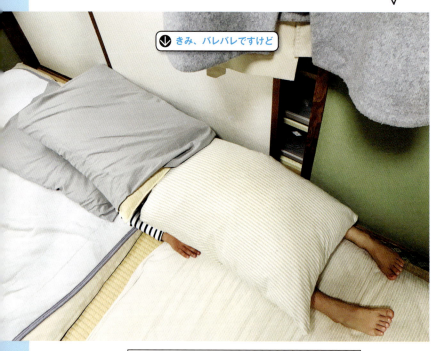

きみ、バレバレですけど

1497 件のリツイート　10113 件のいいね

かくれんぼで隠れた。

投稿者：mtmt（@mtmtlife）

お風呂から
笑わせてくる妖精

投稿者：TAKE me ON（@mememe0910）

← 気になってお風呂どころじゃない！

comment 一緒のお風呂で、すりガラスごしの手合わせゲームが勃発。ヒートアップした娘は手からお腹、お尻、顔まで押し当ててもはや意味不明（笑）。私は終始爆笑でした。そこからの眺めは一体どんな風になっているんだ、娘よ。

あくびの時に目を閉じないスタイル

投稿者：エリサチャン。(@_erisamaaan78)

comment 生後1カ月だったため、何するにも可愛くて、あくびの瞬間も写真におさめようとしたら、はからずも衝撃の瞬間が撮れました。撮影後、写真を見て爆笑。目と口が思いっきり開いている……！普段はとにかく天真爛漫で、家族のアイドル的な存在です。

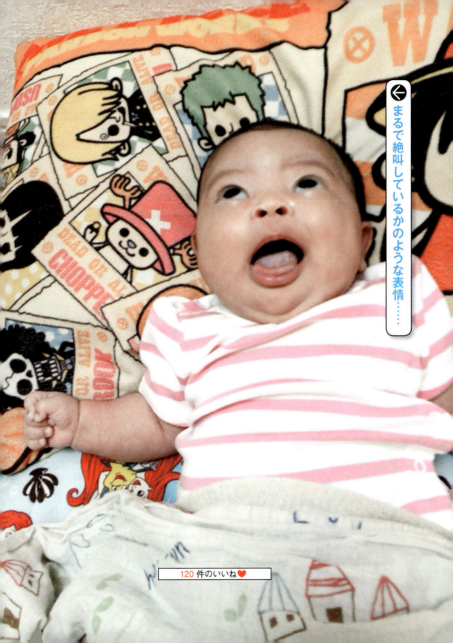

薄暗い廊下に突っ立ってて腰抜かしそうになった

投稿者：左利き（@t4hidarikiki）

comment 息子は普段からひょうきんで人を笑わすことが好きです。が、まさかこんな奇襲攻撃で来るとは！水遊びの後片づけをしていて、目を離した隙に……。見つけたときはちょっとだけ飛び上がってしまいました。

眠い、けどミルクも飲みたい時

投稿者：KENYA（@ynk089464301）

comment 眠い、けど飲みたい、けど眠い、けど……という意識もバランスも危うい我が子を発見し、思わず撮影してしまいました。もはや半分以上夢の中。むせないかだけ心配して見ていましたが、思いのほか器用に飲んでいました。髪をかき上げる余裕さえあるのがすごい。

⬆ どっちかに決められない時って、あるよね……

顔より髪の面積が大きかった生後6ヶ月。

投稿者：娘はアフロ

comment 夫の大好きなスルメを買ったよーという報告で撮影。見事なアフロヘアを激写してしまいました。生まれてからずっと髪が上へと伸び、長い角刈り期を経て、このリーゼント期に進化。撮影時は見慣れた姿なので何とも思いませんでしたが、夫の指摘で気づきました。

台所まできて荒らしたあげく力尽きた(笑)

投稿者:T-OO-T（@09nov14）

comment 次男が0歳の頃。台所まできて荒らしたあげく力尽きて休んでいました。散乱した食器類が事件の苛烈さを物語っています。

→ おトクな商品がっぽりゲット！

162 件のリツイート　1930 件のいいね♥

ザ バーゲン

投稿者：なべ（@kagushokunn）

comment デパートの買い物袋を自分で持つと言ってきかず、無理矢理持って行った際の一枚です。やれやれと思って持たせたものの、結果こんな面白い絵面になるとは。バーゲンを思いっきり楽しみ、戦利品をゲットした後、まるで凱旋しているかのような写真が撮れました。

→ 本日も〝かわいく〟炊き上がりました

炊きたて娘

投稿者：きょん。

comment 元気でひょうきんな子、ですが静かだな～と思うといつも…(ﾉД`) 今回も壊れて捨てようと置いておいた炊飯器に興味を示したと思ったら、まさかのすっぽり！入った後は、蓋を閉めようと必死に。その結果、炊飯器ごと盛大に転倒。炊飯器は封印されました。

ふいに呼ばれて振り返ったらこれがいる恐怖

投稿者：けんみこ（@kenmiko7887）

comment 4歳の娘が寝室で遊んでいて、部屋の前を私が通ったとき、いつも通りの声で聞こえた「ねぇねぇお母さん」。振り返ったら……心臓止まるかと思いました。状況理解後は思わず脱力、爆笑。面白いことをよくやっていたあの頃。9歳現在も変わらず成長中です。

これが面白いとわかってやってるね？

おねえさん
肘刺さってます

投稿者：なべ（@kagushokunn）

comment いつも寝ている妹の隣に添い寝して、寝顔を眺めて幸せそうにする姉ですが、この日はそうしているうちに姉も寝てしまい、気付けば肘が……。妹の方が迷惑そうな寝顔なのがまたツボです。普段は大人びているしっかりしている姉のうっかりが可愛い一枚です。

マジ顔で猫の毛をムシる

投稿者：mai（@srmi111）

comment 娘が生まれたときから一緒に寝てる猫ちゃんです。娘に何をされても怒らず、ただただ毛をむしられていました。「そんな事されても側で寝るんかいっ！」と突っ込みつつ撮った1枚です。猫ちゃんも娘を守っているつもりなのかも。2人を見ていると癒されます。

お客様、お待ちくださいお客様……おきゃ、ぁあああぁあああ!

投稿者：あべさん / あべちゃんさん（@0000lucifer0000）

comment 買い物中、近くにいないことに気づき、振り返ると･･･。思いっきりマネキンのズボンを脱がしてました。いや、ちょっと待ってｗｗ 普段から洋服屋さんのマネキンがお気に入りで握手してまわっています。マネキンとのツーショットをリクエストされることも。

どこいった!? と焦って捜してたら目の前にいた。

投稿者：KKO（@KKO34486470）

comment 活発で好奇心旺盛な子で、すぐに迷子になります。このときも姿が見えなくなり、焦ってまわりを探していたら、カーテンの下から見覚えのある足がぶーらぶら。そこかい！となりました。ちゃんと椅子の高さも合わせてるし、きっと写真写りはばっちりでしょう。

ハンガーをぶっ刺してヒーローって言い張る息子(笑)

投稿者：霧果（@kaiharu_mama）

comment 「ママ見て見て〜」と言うので振り向くとこの状態。「正義のヒーロー！！」あの縦線をハンガーで表現するとは…！一方その頃、双子の兄は段ボールを腕にはめて違うヒーローに。おもちゃで遊ぶより私からしたらゴミじゃんってもので自分達なりに考えて遊んでいます。

やっぱこの寝相かなww

投稿者：ねぎしお れもん（@H8nIt0EPUbtuZFD）

comment 家事をやっている間に先に姉が寝て、そのうちに妹がもたれ掛かるように寝ました。見たときは「こんな寝相ある！？」とびっくりしたものの、ケガがなくてよかったです。いつもは片方が寝てると、もう一人が起こすようにちょっかいをだしにいきます。

夢の中でも一緒にいたいんだね！

お人形ハウスに入れなくてブチギレる娘(笑)

投稿者：**ユキぽち**（@yukipochi6）

comment 泣き声が聞こえたので様子を見に行ってみたら……お人形ハウスの前でギャン泣きしていました。体の大きさが合わず、お人形ハウスに入れなかったのがよほど悲しかったみたいです。いや、そりゃちょっと無理ってもんですよお嬢さん。クッキーでも食べてみる？

⬆ アニメキャラクターや特撮ヒーローまで、人気者が大集合！

髪がキャラクターシールに浸食された図

投稿者：ユキぽち（@yukipochi6）

comment なんか静かにしてるなーと思ったらこれ。テレビに貼られたキャラクターシール群と、それを自分の頭に移動させている娘。髪に絡まるシール。頭はシールの仮置き場かな……？完全に絡まっていたので、髪の毛からシールを取り外すのが大変でした。

すごく形の綺麗な
ハイハイポーズ
か〜ら〜の〜
それ
美味しい??

投稿者：きたじまかな（@KanaKitajima）

comment まだハイハイもできない時期に、よつんばいになる練習をしている時の写真。ふとみたらカウンターチェアをくわえていました。好奇心旺盛だと思っていましたがまさかここに興味を持つとは。高さもちょうどよくて支えやすかったのかな……。

← 目の前においしそうなイスの足があったので、つい

➡ 夜に見かけたら一瞬心臓が止まりそう！

心霊写真……かな？

投稿者：**ちょり**（@tyori0079）

comment 書斎で仕事中、部屋の外に気配を感じて振り返ると小さな幽霊がいました。絶妙なぼやけ具合に、「心霊写真かな？」と思わず撮影。真顔で一番それっぽい瞬間を激写しました。磨りガラス越しににらめっこしたり、ガラスにチューしたりしていて可愛かったです。

しっぽも足の一部と思ったのかな？

5026 件のリツイート　20625 件のいいね

靴下をはかされた猫。いや、そこにですか坊ちゃん。

投稿者：ひよすな（@mpiyo0320）

comment 冬の朝、子ども用に靴下を出しておいたのに、私がキッチンへ行っている間に猫に履かせていました。寒かったからかな？猫はしっぽを振って最初に履かされた靴下を振り落としていましたが、2度目で諦めたようです。されるがままになっているのが(笑)。

見たことないちっちゃな妖怪が我が家を徘徊してた

投稿者：藤田

comment パパとのお風呂はいつも、双子のお姉ちゃんが先。妹ちゃん、順番待ち中に盛大におもちゃ箱をひっくり返したあげく、箱をすっぽりかぶりご機嫌。ちっちゃな妖怪に変貌していました。実は後日、双子のお姉ちゃんも同じことをしてました(笑)。双子のシンクロ力よ。

⬆ すごくいい笑顔で映り込んでいるのがナイス！

212 件のいいね ❤

近年まれにみる紛らわしい自撮りがこちらです

投稿者：びんちゃん（@pad_bin）

comment 妹が生まれ、病院から戻ってきた後。長男がスマホで妹を撮ろうとしていました。しかし、よく見てみるとインカメラモードに切り替わっていて、長男の顔が画面に。「妹を撮るのかと思ったら自分撮るんかい！」と心の中で思わず突っ込んでしまいました。

泣きながら干されてた（笑）

投稿者：ねむぴーすv（@nemupiece_v）

comment 元気で明るい女の子です。いつもトイレについてくる娘がめずらしくついてこず、用を足していると泣き声が。急いで戻ると、ハンガーにかけていた兄の服を着て干されていました。一体どうやって着たの……？と、思わず撮影してしまいました。

令和まで
とっておくの
だろうか

投稿者：**まきおくん**（@CVDfdNk9C4eMtl4）

comment 世間が「新年号は何か！？」とザワザワしていた頃、娘の机に置いてありました。1つの時代が終わると感じ、何か残したかったのかも。子供ならではの発想に思わずニヤついてしまったと同時に、発想力の凄さに驚かされました。数日後には空気が抜けていたのが残念。

平成の空気

← 空気を残す発想はなかった!

383 件のリツイート 1589 件のいいね

→ 目と口を避けているのは器用！ だけど怖さ倍増⁉

青鬼になっちゃった!!
ってなんじゃこりゃ・・・!

投稿者：**ちぃ**（@yuzuhqmqmq）

comment 最初は服を着せてあげるつもりだったらしいのですが、人形がマスキングテープでぐるぐる巻きに……。「青鬼になっちゃった!」と持ってこられたときは普通に悲鳴をあげました。顔までばっちり青色で怖い。ショックが抜けた後は笑いが止まりませんでした。

夢は「パリコレデザイナー」で決まり!

このたびは飛鳥新社の本をご購入いただきありがとうございます。今後の出版物の参考にさせていただきますので、以下の質問にお答えください。ご協力よろしくお願いいたします。

■この本を最初に何でお知りになりましたか
　1.新聞広告（　　　　　　　　新聞)
　2.webサイトやSNSを見て（サイト名　　　　　　　　　　　　　）
　3.新聞・雑誌の紹介記事を読んで（紙・誌名　　　　　　　　　）
　4.TV・ラジオで　5.書店で実物を見て　6.知人にすすめられて
　7.その他（　　　　　　　　　　　　　　　　　　　　　　　　）

■この本をお買い求めになった動機は何ですか
　1.テーマに興味があったので　2.タイトルに惹かれて
　3.装丁・帯に惹かれて　4.著者に惹かれて
　5.広告・書評に惹かれて　6.その他（　　　　　　　　　　　）

■本書へのご意見・ご感想をお聞かせください

■いまあなたが興味を持たれているテーマや人物をお教えください

※あなたのご意見・ご感想を新聞・雑誌広告や小社ホームページ上で
1.掲載してもよい　2.掲載しては困る　3.匿名ならよい

ホームページURL http://www.asukashinsha.co.jp　　　　　＃育児衝撃画像 2019.05

郵便はがき

```
┌─────────┐
│62円切手を│     １０１ - ００○３
│ お貼り  │
│ ください │
└─────────┘
```

東京都千代田区一ツ橋2-4-3
　　　　　　光文恒産ビル2F

（株）飛鳥新社　出版部

『#育児衝撃画像』
　　読者カード係行

フリガナ	性別　男・女
ご氏名	年齢　　　歳

フリガナ
ご住所〒
TEL　　　　（　　　　）
ご職業　1.会社員　2.公務員　3.学生　4.自営業　5.教員　6.自由業 　　　　7.主婦　8.その他（　　　　　　　　　　　　　　　）
お買い上げのショップ名　　　　　　　　所在地

★ご記入いただいた個人情報は、弊社出版物の資料目的以外で使用することはありません。

妹が人形に服を新調してた（粘土100％）

投稿者：**ありえる**（@Arielna2727）

comment 仕事から帰宅して台所を覗いたらこんな光景が広がっていました。なぜ台所、なぜ粘土……！ 普段から大人びているなぁ、と思っていた妹が、まさか人形を粘土漬けにするとは。思わず撮影してしまいました。顔まで粘土に埋まった人形、普通に怖すぎる……！

最新作はこれ!

投稿者：Fls 〆しののん（@shinonom_usagi）

comment いたずら好きな我が子、ある時キーボードのキーが根こそぎはがされていました。めずらしいことではなく、ある時はお札をびりびり破る、ある時はトイレにこれでもか！と紙を詰め込むなど、むしろ我が家では日常茶飯事！

⬆ お手製！文字無しキーボード（非売品）

家電を友達にしていた入園前のあの頃

投稿者：てんこもり

comment 近所に近い年齢の遊び相手がいなかった頃の写真です。「ママ、写真撮って〜」と呼ばれて見てみるとこの状態でした。このブームはしばらく続き、新しいお友達はたくさんの服を着せられ、ままごとの時には飲食物で汚され、苦楽を共にしていました（笑）。

「はい、すみません。納期は明日ですね。はい、よろしくお願いします。」カタカタ…

投稿者：**みゆまむ**（@miyumam2525）

comment キーボードと電話の子機が娘のお気にいりのおもちゃです。この日はたまたま電話片手にキーボードをカタカタとやっていたので、まるで本当に仕事をしているかのようでした。電話もお手のもの、「はい、そぉです。もしもし」とか言ってました。

← お世話になります、とつい返してしまいそう

なんでしょう、この違和感は（笑）

なっがぁーい！
なっがぁーい！と
玄関から声が聞こえた
から行ってみたら
私の長靴
履いてたよね。

投稿者：KKO（@KKO34486470）

comment 声が聞こえたので玄関に向かったところ、私の長靴を履いていました。足が見えない……！物凄く嬉しそうに「なっがぁ〜い！」を連呼していました。どこにつま先があるか確認しようと長靴の甲の部分を触ってみたら足が無かったので、たぶん浮いてる状態かも。

「ウワーン!!」て泣き出して、振り返ったらこうなってた

投稿者：スタミナ太郎（@nonnonn0505）

comment ダンボールで遊んでくれている隙に家事をしていたら突然泣き出し、振り向いたらこう。四角頭さん爆誕……！？助けようとしてるのにこの格好のまま「ウエ〜〜ン」とカサカサ逃げ回り、なかなか取れませんでした。

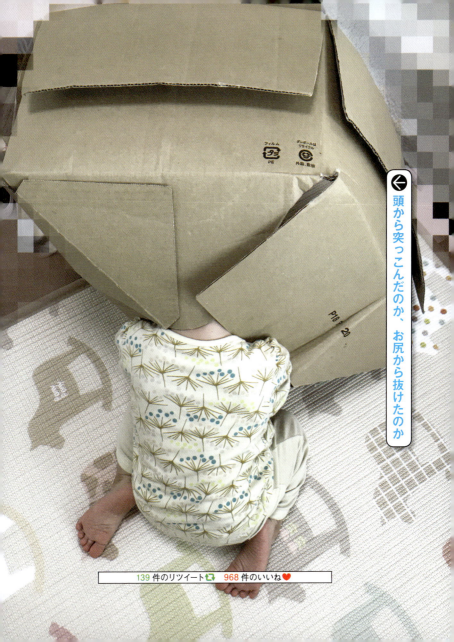

双子は、結構な確率で寝姿が揃う

投稿者：Twins ママ（@Twins33824764）

comment 姿が見えなくなると探しあうほど仲のいい双子です。そのせいか、寝かしつけが終わって、それぞれの位置に寝かせて布団をかけようとすると、大体同じ格好をしています。左右対称になったり、お腹の中にいた時の位置になっていたり。ほっこりします。

→ ナスにしては大きいけど……確かに似てる！

480 件のいいね♥

長女が
履(は)かせてくれた。
3度見した

投稿者：玉ちんピョンピョン丸（@kykhnt）

comment 出かけるために着替えようとしていたら、世話好きの長女が次女にズボンを履かせてくれていました。腕まですっぽり入っていて、まるでナスのようでした。「な、ナスーーー！？！？」と、思わず大笑い。長女に履かせてもらって次女もご機嫌♪

次女、かくれんぼが お上手でございます

投稿者：**元祖なりりな**（@3tCu9JzgRG8y7Q2）

→ ツッコミ待ちとしか思えません

comment お姉ちゃんとかくれんぼをするとき、「もういーよー」と言った後の次女です。頭かくして尻……どころか下半身丸々出ちゃってる……！普段からマイワールド全開な子ですが、まさかこういう形で発揮されるとは。カーテンの中でどんな表情をしていることやら。

#育児あるある

第2章

#子育て漫画

インスタグラム編

#育児なんてほんの一瞬 目を離したらこう

インスタグラムでは、ちょっと長めのハッシュタグ「#育児なんてほんの一瞬目を離したらこう」が、ツイッターに負けない盛り上がりを見せている。"ほんの一瞬"というキーワードに「それ、あるある！」という共感したママ達が続出。"衝撃画像"とは趣の異なる面白さがあります！

#もうすぐ1歳

#育児絵日記　　　#育児イラスト

大物と
戦った末に…

投稿者：Megumi.I（feiart_megumi）

comment ご飯を食べて、お風呂に入って、トイレ済ませてあとは寝るだけ……の段階で電池切れ。
ホッカホカの便座が安眠装置となったようです。

ヨーグルト一気飲み！

投稿者：べりえぴおん（beliepion）

comment 朝ご飯のヨーグルトを豪快に飲み干していました！出勤前だったので焦りましたが、前髪を上げておいたおかげでぎりぎり間に合いました！

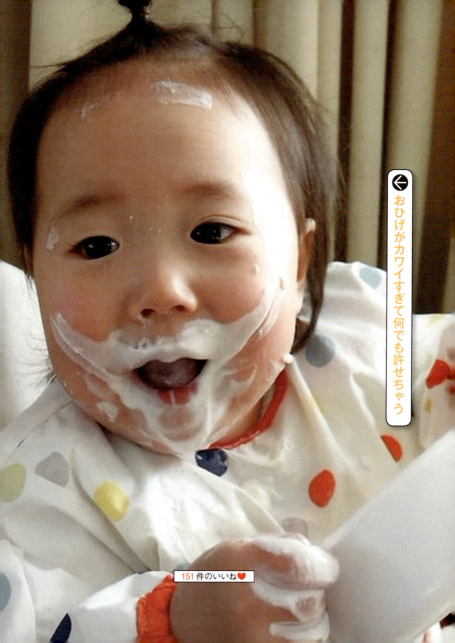

お、お、お客さま〜!!! お風呂で靴下は…!!!!

投稿者：vin_chan_japan（i_am_vin_chan）

comment 服はきちんと脱いだものの、靴下をそのままにお風呂場へイン！あせりつつも、あまりの可愛さに撮影してしまいました。

↓パンの耳がおいしくなるかも……!?

ホームベーカリーの耳掃除をしてくれています。

投稿者：sa_chi_yo（sa_chi_yo）

comment たびたび綿棒でいたずらしているのですが、今回は蒸気を逃がす穴に突っ込んでいました。「やーめーてー。壊れる〜！」と思いながら、一枚撮りました。幸いにも、ホームベーカリーは壊れることなく無事です！

絶対お風呂に入れたい母 VS 絶対に寝ていたい息子

投稿者：Emi Kuwahara（emmmmmik）

comment 夕飯中に寝落ちしてしまい、そこから全然起きなかった息子。お風呂に入れたい私はなんとか服を脱がそうとしましたが、全く起きる気配がなし。諦めて写真を撮りました。

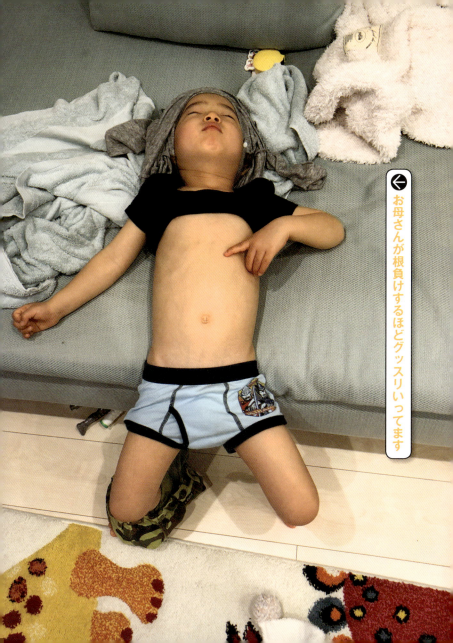
← お母さんが根負けするほどグッスリいってます

→ 途中から妹ちゃんにしか目がいかない

148 件のいいね♥

自由過ぎる二人

投稿者：acco（84akiko）

comment 運動能力抜群のお兄ちゃんが大好きな妹は、食らいつくように遊んでいます（笑）。危ないから！と言いながらも、2人の独特な世界観に思わずシャッターを押してしまいました。

5人の子どもたちのうち、いったい誰が…

投稿者：ぷぷマモ 5人のママ（y_e_h_t_y_mamo）

comment いったい誰が？！さてはバナナ好きの長男か？と子どもたち5人に聞いてみたら、3番目の次女が、「ぢゃぢゃ〜ん！ドッキリ大成功！」と暴露してきました！このまま洗濯回さなくてよかったー！と安心しました！

ためらうな!
飛び込め!

投稿者:sono(sonococojima)

comment 近所のお兄ちゃんが水たまりを見つけダイビング! お兄ちゃんのためらいのなさに、ウチの子は唖然(ちょっと羨ましいという気持ちもある)。

笑顔トレーニング!

投稿者：プレママ→新米ママ つばさ（tsubatan.baby）

comment 9カ月頃で、ハイハイができるようになったころ。洗っておいたプラスチック容器をいつの間にかくわえていて、なんともいいがたい絶妙なスマイルになっていました！

← 口元がまるでアニメみたいな笑顔

絶対にこのまま食べるんだ!

投稿者:ucchi0105(ucchi0105)

comment 静かにしてるなと思ったら、テーブルに置いていたバナナ見つけて皮ごとかぶりついていました!無理やり取ると怒るので、半分に折ってあげ、皮を剥ぎ取り……と、ぐちゃぐちゃのまま食べてもらいました。

→ きっとレアなおもちゃだと思ったんだよね

あ……なんかすごいおもちゃが入ってるかと思って

投稿者：sono（sonococojima）

comment 自営業の会社に連れてゆき、静かだな〜と思ったら、箱をむしって中身を出してました。見つけた時はやべ！という反応でした。どうやら、おもちゃ付きのお菓子だと思ったみたい。しかしよほど使わないものだったらしく、専務として働いている父ちゃんからはおとがめなしでした！

いたずらにしては、まだまだ甘いけど…。

投稿者：wakana（waka773）

comment いつもやんちゃなのに、静かだなあと思っていたら、洗面所から物音が……。予想外の行動や、ダメな事ばかりするので、よく怒っていたのですが、これも思い出と、写真に撮るようにしたら、イライラも少し減りました。

洗面所で洗濯物干してたら、大人しいなって思ってたんだけど。やっぱなんかやってた

投稿者：松下と書いてマツゲです（erinarienari）

comment 探究心が強くイタズラも大好きな娘。この日も、洗濯物を干しに少しリビングから離れていて戻ると、顔や机が真っ白でした。お風呂へ入って綺麗にしたばっかりなのに〜！油断した自分に喝ですね……。

浴びるほど食べたい！

投稿者：Yayoi（yayoipanda）

comment そろそろ食べ終わった頃かなと見ると、ごはんまだ足りない！と言いたげな空っぽアピールをしていました！その後追加でご飯をお皿によそってあげると、嬉しそうに食べていました。

青い空、こいのぼり、そして泥まみれの子どもたち

投稿者：sono（sonococojima）

comment 近所のお兄ちゃんがどろんこに飛び込むとともに、息子や息子の従兄弟たちがわらわらと参加！肌寒いのによくやるなあ〜と思いながら、見守っていました。

← オトナには聞こえます。お洗濯する人の悲鳴が

喜びのあまり合体しました

投稿者：**ゆーき**（yyu.u.ukii）

→ 一瞬、身体が消えるマジックかと思いました！

comment 念願のクリスマスプレゼントに大喜び！ 流し台に入り込むほどおおいにハマって、親子ともどもにっこりでした。結局、本物がいいのか、今は家のシステムキッチンで遊んでいます。

第3章

#育児あるある

#男の子

#女の子

オリジナル編

#わが家でも必ず1枚は見つかるジワジワ画像

本書の制作チームがSNS以外にも独自リサーチしたところ、なんと驚きの結果が。

育児経験のある家庭からは、ジワジワと笑える画像が、探せば探すだけ見つかったのです！

さあ、今からでも遅くありません。あなたのお家にもきっと眠っているお宝画像、

掘り起こしてみませんか？

#育児便利グッズ

↑「保育園より会社のほうが入りやすい時代」というメッセージ？

2歳からの
ハローワーク

提供者：わっか

comment 寝起きで朝日を浴びながら求人雑誌を凝視する娘。職探しの前にオムツを替えて、着替えさせたいけど、雑誌への興味が薄れるまで断固拒否でした。私が仕事で家を空けることが多いので、娘には自分の時間を作れる仕事を見つけてほしいと願います。

「鏡よ鏡よ鏡さん♪」「なぁに？」

提供者：大ちゃん

comment お友達と公園で遊んだときのショット。似た色の服を着ているので、まるで鏡に映った顔を見ているかのよう。とてもいい写真が撮れたとそのときは思っていたのですが、後で見返したらうちの娘に鼻水が……。はからずもお笑い写真になってしまいました……。惜しい……。

⬆ 白雪姫に出てくる鏡はこんな感じかしら

真夏の ちょんまげ スタイル！

提供者：**わっか**

comment ランチを食べようと訪れたお店があいにくの休日。父ちゃんに「どうしてくれんのよう！」とご立腹の娘は、写真を撮られることが大好きなので、とりあえずパシッと1枚撮影。たまたま、お店のガラスドアの波のデザインが娘の頭と合わさって、奇跡のちょんまげスタイルに。

→ くっきりと浮かび上がる現代アート!?

影絵劇
「こっそりが
バレるまで」

提供者：みゃたん

comment 1人で寝室に1時間くらいこもっていたので、寝ているのかと思ったら笑い声が。見にいったら、こっそり携帯で動画を見ていました。ディスプレイの光が見事な影を作り出し、寝癖のディティールまでしっかり再現。

あまりにも楽しそうだったので許した。

提供者：まつぼっくり

comment いろんなことに興味をもち、いつも動き回っている子。ある日、めずらしく静かだな〜と思っていたら……。とてもいい笑顔だったので、怒るよりも先に笑ってしまいました。ちなみに、2年後、二人目の子も同じようにティッシュを散らかしています。

comment この少し前に、自分で風船を膨らまそうとしたらできず、悔しさのあまりギャン泣き。その時、偶然にも立派な鼻風船ができました。普段はおっとりしていて、恥ずかしがり屋。テレビでダンスを見ると踊りたくなるが、見られるのは嫌なので隠れて練習するタイプです。

← そこ！そこ！「風船」できてるよ〜！

鼻の穴から努力と悔しさの結晶!

提供者：みゃたん

自分ごとおもちゃを片付けるうちの子

提供者：しーちゃん

← 散らかっているのが許せない、きれい好きなのね

comment おもちゃ箱からおもちゃを出して遊ばせ、自分はご飯作りへ。後で様子を見に行ったら、出したおもちゃを全部しまって自分も収納していました。

落ちそうで落ちない！極限状態にハラハラ

頭に「線香鼻火」という言葉が浮かびました…

提供者：大ちゃん

comment 一人で遊んでいた息子が、「ママ〜ママ〜」とか細い声で呼ぶので、なんだろう？と見に行ったら、鼻水が大変なことに。おそらく息子なりに、これ以上動いたら垂れる、と察したのだと思うのですが、微動だにせず私がくるのを切なそうに待っていました。

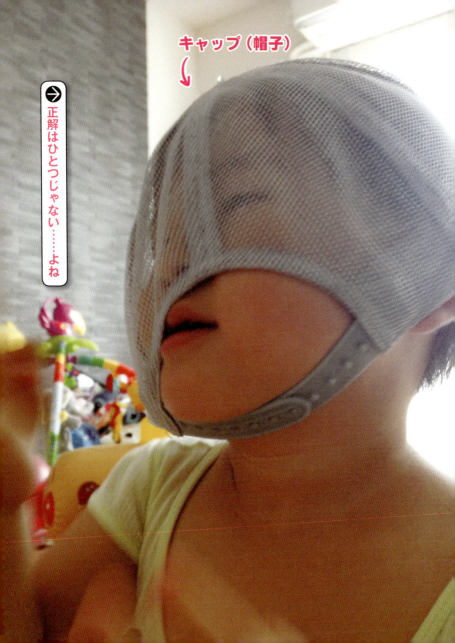

ドヤ顔で見せてきたけど、向きが逆ですから〜笑

提供者：ま〜さん

comment びびりでひかえめな性格ですが、このときはママのまねをしたかったみたい。本当は向きが逆だけど、かわいいからいいか〜。

お昼寝から起きてきたら、髪の毛爆発。

提供者：まつぼっくり

comment ぐっすりお昼寝していたので、安心して目を離しました。のそのそと動く気配を感じ、振りむくと、寝ている間に一体なにがあったんだ……！と衝撃の髪形に。

← おはよう。まずは念入りな髪の毛セットが必要だね

⬆ 楽しそうだけど状況が全く想像できません！

息子の背後に迫る緑色の妖怪

提供者：大ちゃん

comment 1歳の息子にパパのパーカーを着せてみたら、ニコニコとても喜んでいて、すごく可愛かったので写真を撮ったら……。娘もこっそりパパの上着を着て、妖怪みたいな顔して背後に写り込んでいました。息子のいい笑顔と娘の楽しそうな顔のベストショットです。

生みの親・吉木ゆんからのひと言

はじまりは1枚の写真から

ある日、自宅で娘の写真を収めたアルバムを見返していたとき。生まれてから一年半の記録がつまっていて、「大変だったけどずいぶん成長したんだね」と、色々な感情が混ざりあい、すこし感傷的になっていたのですが……ふと目を留めた「1枚の写真」が、大人にはまさに衝撃的！で、思わず爆笑。疲れや悩みもパーッと吹き飛び、心が晴れやかになりました。

そして、もしかしたら、普段からSNSなどで交流があるお友達も、クスッと笑えたり、衝撃を覚えるような画像をお持ちなのでは！？と思い立ち、ツイッターで「#育児衝撃画像」を呼びかけました。そんな画像をきっかけにして、みんなで育児の楽しさや大変さを共有できたらいいなと思ったのです。

予想外にバズって社会現象に

当初は、普段から交流があるコミュニティのなかで一緒に楽しめればOKと思い、何の気なしに作ったハッシュタグでした。しかし、日に日に投稿者の輪が広がっていき、ウェブではちょっとしたトレンドにまで急浮上。一週間もするとテレビ番組からの取材が連日続くお祭り騒ぎに。まさかまさかの展開だらけで、ここまで広がったことに私自身が一番驚いています(笑)

そして、ハッシュタグで日本全国からの投稿を拝見するにつけ、まさに「衝撃的!」な行動を取るのはどこのお子さんも同じなのだなと、癒されたり、ほっとしたり、嬉しかったり。どんどんアップされてくる画像が、毎日楽しみです。

悩みは抱えこまず、幸せをシェアしよう

どのお子さんの画像も、可愛くて面白くて、見るたびに思わず微笑まずにはいられません。これはママもパパもきっと大変だっただろうなと驚いたり、自分のことのように共感したり。そして、ハッシュタグが広まっていって感じたのは、"子供の成長していく一瞬一瞬は今しかない」ということ。私の家庭でもその貴重さに気づき、これからは今まで以上に、大切に記録していきたいと思っています。

本書を手に取ってくださった皆さま。
育児中は大変なことも多く、私自身も初めての育児に悩んだり立ち止まったりすることが多々あります。けれど、子供ならではの笑える事件や癒される瞬間を見つけるたびに、言葉にならない幸せを感じることも多いはず。

だから、「育児」という同じ目的をもって毎日頑張るママパパに、#育児衝撃画像が「お互いに頑張っていきましょう!」というエールになればと願っています。気分が上がらない時は、SNSで画像検索してみてくださいね。そして、しあわせな気持ちをシェアして、ご家庭の成長記録も増やしていきましょう!

吉木ゆん（主婦ブロガー）
よしき

アメブロ「うちの娘は塩対応」
https://ameblo.jp/akosioako/

公式Twitter
https://twitter.com/yoshikiyun/

＃育児衝撃画像

2019年6月3日 第1刷発行

編者　　　「＃育児衝撃画像」制作委員会

発行者　　土井尚道

発行所　　株式会社 飛鳥新社

〒 101-0003
東京都千代田区一ツ橋 2-4-3 光文恒産ビル
電話　03-3263-7770（営業）　03-3263-7773（編集）
http://www.asukashinsha.co.jp

編集協力　　　石黒太郎、安藤茉衣、宮澤真梨（スタジオダンク）
ブックデザイン　スタイルグラフィックス
印刷・製本　　中央精版印刷株式会社

Special Thanks　画像を提供してくれた皆さま

©Asukashinsha 2019,Printed in Japan
ISBN978-4-86410-636-8

落丁・乱丁の場合は送料当方負担でお取替えいたします。小社営業部宛にお送りください。
本書の無断複写、複製(コピー)は著作権法上での例外を除き禁じられています。

編集担当 三宅隆史